儿童趣味百科

打败拖延症

甘超 主编

江西教育出版社
JIANGXI EDUCATION PUBLISHING HOUSE

·南昌·

赣版权登字 -02-2025-004

图书在版编目（CIP）数据

打败拖延症 / 甘超主编 . 南昌：江西教育出版

社，2025. 2. --（儿童趣味百科）. -- ISBN 978-7

-5705-4733-3

Ⅰ. C935-49

中国国家版本馆 CIP 数据核字第 2025530B7Z 号

儿童趣味百科·打败拖延症

ERTONG QUWEI BAIKE·DABAI TUOYANZHENG

甘超　主编

出 品 人：熊　炽

策划编辑：张　龙

责任编辑：万诗洋

责任校对：王子禅

出版发行：江西教育出版社

地　　址：江西省南昌市学府大道 299 号　　　邮　　编：330038

邮　　箱：jxjycbs@163.com

网　　址：http://www.jxeph.com

电　　话：（0791）86100026

经　　销：各地新华书店

印　　刷：湖北嘉仑文化发展有限公司

规　　格：787 mm×1092 mm　　　1/16

印　　张：4

字　　数：50 千字

版　　次：2025 年 2 月第 1 版

印　　次：2025 年 2 月第 1 次印刷

书　　号：ISBN 978-7-5705-4733-3

定　　价：58.00 元

目录

决策篇

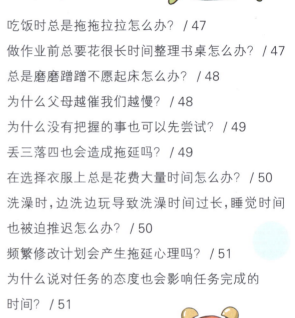

习惯篇

卫生篇

睡眠篇

拖延和懒惰是一回事吗?

　　拖延和懒惰在某些方面有相似之处,但它们并不是一回事。拖延通常是因为缺乏动力、担心失败、害怕承担责任等原因推迟或延迟做某事。懒惰则是指缺乏努力的意愿,不愿意投入时间和精力去完成任务。

小贴士:拖延是一种行为,而懒惰则是一种态度。

为什么说拖延的本质是逃避?

　　人在某些情况下会采取拖延策略,以逃避自身不愿应对的问题。这种行为源于内心深处对挑战、不确定性以及失败的惧怕。通过拖延的方式,人可以暂时减轻心理压力,缓解焦虑。

小贴士:逃避为我们提供了一个暂时的舒适区,但这不能帮助我们解决问题。

1

惧怕失败会导致拖延吗?

对失败的恐惧会导致我们感到焦虑和缺乏自信。在这些负面情绪的影响下,我们会缺乏行动的勇气,从而导致拖延的发生。

小贴士:要克服惧怕失败而导致的拖延,首先我们要接受,失败是成长的一部分,然后为自己设定合理的目标和期望。

为什么比起完美你更需要完成?

当你完成一个任务时,无论其质量如何,你都会获得一种满足感。这种满足感来自达到目标和完成挑战。如果你一直追求完美而拖延任务,你可能永远无法体验到这种满足感。

小贴士:完成任务通常需要一个过程,包括规划、执行、修订和最终完成。完美主义者往往希望一步到位,但这是不现实的。

拖延与压力、焦虑有何关系？

　　一方面,压力和焦虑常常是拖延的主要原因。面对挑战,我们会因为压力和不自信选择逃避而导致拖延。另一方面,拖延本身也会增加压力和焦虑,因为任务被拖延时,我们会面临时间紧迫的压力,并因不能按时完成任务而感到焦虑。

小贴士:在任务开始前就怀疑自己的能力,只会让自己更焦虑。

做事缺乏耐心也会导致拖延吗？

　　缺乏耐心的人在面对任务时,往往无法保持专注,他们很容易被外界干扰,进而影响做事的效率。这样一来,他们在完成任务的过程中,很容易感到疲惫,进而导致拖延的发生。

小贴士:缺乏耐心的人在做事情时,无法保持专注,他们会寻找各种事情来消磨时间,以逃避现实中的压力,进而产生拖延的行为。

给自己找借口会导致拖延吗?

　　真正的成长和进步来自对自己错误和失败的深入反思,而找借口会阻碍我们进行自我反思。找借口时,我们会说服自己,没完成任务都是外部因素造成的,而非自身原因,从而导致拖延的发生。

小贴士:当找借口成为习惯,它会逐渐削弱个人的意志力,使人更容易放弃,从而导致拖延的发生。

制定计划有助于克服拖延吗?

　　通过计划,我们可以更加清晰地了解自己的时间利用情况和任务进展情况,从而及时发现问题并采取相应措施进行调整。这种自我监控和调整有助于增强我们的自控力和毅力,帮助我们克服拖延的行为。

小贴士:计划制定之后还需要我们做出行动,缺乏行动,计划也只是空中楼阁。

拖延会影响人际关系吗?

拖延者常常无法按时履行承诺,这种行为不仅会让别人感到失望和不满,还可能损害拖延者在他人心目中的形象和地位,进一步影响人际关系。

小贴士:拖延行为不仅会影响个人的信誉和声誉,还可能给合作伙伴带来麻烦和损失。

拖延给个人成长带来了什么阻碍?

首先,拖延可能导致我们错失关键的发展机遇。其次,拖延会对自信心造成损害。当我们无法按时完成任务时,会产生自责和沮丧的情绪,长此以往,我们在面对新的挑战时会缺乏战胜困难的勇气,从而影响个人成长。

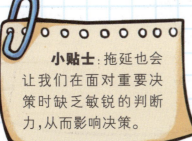

小贴士:拖延也会让我们在面对重要决策时缺乏敏锐的判断力,从而影响决策。

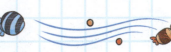

为什么有时拖延会给我们带来"高效"的错觉？

拖延者常常在截止日期临近时，才匆忙赶工。在赶工状态下，他们可能会在短时间内完成大量工作，从而给人一种"高效"的错觉。然而，这种匆忙赶工的行为会导致工作出现更多的错误和遗漏。

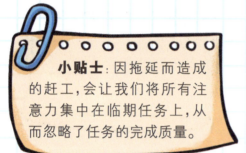

小贴士：因拖延而造成的赶工，会让我们将所有注意力集中在临期任务上，从而忽略了任务的完成质量。

拖延对我们的身体健康有影响吗？

拖延往往伴随着不健康的生活习惯。拖延者可能会因为时间紧迫而缺乏运动并且选择不健康的饮食。这些不健康的生活习惯长期下来可能导致身体机能下降，增加患病风险。

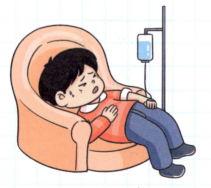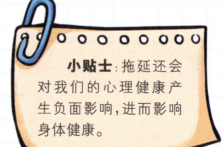

小贴士：拖延还会对我们的心理健康产生负面影响，进而影响身体健康。

怎样保持动力和专注,克服拖延?

确保你清楚地知道自己想要实现什么目标,并将其分解为具体、可衡量的任务。这样,可以帮助你更清楚地看到自己的工作进度,并保持动力和专注。制定详细的任务完成计划,并在你完成每一个任务之后,给自己一些奖励,以提高完成任务的积极性,克服拖延的行为。

小贴士:尽量减少可能分散你注意力的干扰,创造有利于专注的学习环境。

用奖惩制度可以克服拖延吗?

赏罚机制作为一种管理手段,具有明确任务和目标的功能,使我们能够更加清楚地了解自己的职责。在奖励与惩罚的刺激下,我们会更有动力地去完成自己的任务,从而克服拖延的行为。

小贴士:过度惩罚会让人抵触,而过度奖励会让人自满,这些都可能导致拖延。

拖延是对时间的盗窃。

真正的勇士从来不以
拖延来逃避问题。

完成比完美更重要。

不要让对失败的恐惧
拖住你前进的脚步。

起晚了，都怪妈妈
早上没叫我起床。

借口是拖延的开始。

截止时间还早呢，
过几天再说吧！

别在等待和犹豫中错失良机。

拖延是行动的敌人，
计划是行动的指南。

每一次的拖延都是在透支
他人对你的耐心和信任。

别让虚假的忙碌掩盖拖延的真相。

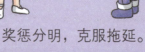

奖惩分明，克服拖延。

为什么我总要拖到最后一刻才背书?

这与你的时间规划有关,你没有提前规划好背书的时间,导致你对背书这件事缺乏紧迫感,从而造成拖延。这也与你的学习兴趣有关,如果你对背书的内容不感兴趣,也会因缺乏积极性而拖延时间。

小贴士:如果你对自己的学习能力缺乏信心,也会导致你拖延学习任务。

为什么要设定明确的学习目标?

当你有一个明确的学习目标时,你会更加清楚地知道自己需要学习什么,从而避免产生拖延的心理,不在无关紧要的事情上浪费时间,杜绝拖延行为的发生。

小贴士:当你与目标愈来愈近,你的自信心也会随之增强,从而激励你继续努力。

目标

为什么要制定学习时间表？

学习时间表给学习任务设定了完成期限，能减轻拖延心理。当你知道必须在某个时间点之前完成任务时，你会更有动力开始并完成任务。

小贴士：学习时间表可以帮助你养成良好的学习习惯。

学习时间表
8:30 背课文
9:00 听写单词

如何确定学习任务的先后顺序？

首先，确定长期学习任务和短期学习任务，这有助于确定任务的优先级。其次，确定每个任务的重要程度，并优先处理重要任务。

长期　短期　重要　不重要

小贴士：在精力最佳的时候处理难度最大、最紧要的学习任务，可以有效减轻拖延。

为什么制定学习计划不用太精细?

过度精细的学习计划难以应对突发情况。弹性的学习计划能让你及时调整,更好地完成学习任务,避免发生拖延的行为。

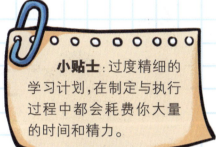

小贴士:过度精细的学习计划,在制定与执行过程中都会耗费你大量的时间和精力。

公开自己的学习计划会减少拖延现象的发生吗?

公开学习计划意味着你需要对自己的学习进度负责,你会更加努力地保持学习进度,以便向他人展示你的学习成果。这种监督会让你更加认真地对待学习任务,减少拖延现象的发生。

小贴士:公开学习计划后,你会吸引到一些志同道合的人,他们可能会为你提供支持。

学习难度和拖延有什么关系?

学习难度过高或过低都可能导致拖延。学习难度过高时,我们可能会感到压力和无助,会用拖延来应对压力。而学习难度过低时,我们又会觉得任务太简单,没有挑战性,用拖延来表达对学习任务的消极态度。

小贴士:我们需要根据实际情况调整学习难度,确保任务难度可以激发学习的动力和兴趣。

为什么要避免学习任务的过度积累?

当我们的学习任务积累得越多,学习的难度就会越大,这样就会加重我们的拖延心理。而且大量的学习任务还可能会让你心情变得急躁,导致你难以集中注意力在一个任务上,从而降低学习效率。

小贴士:任务积累得越多,完成的困难就越大。

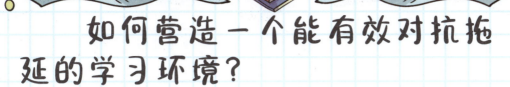

如何营造一个能有效对抗拖延的学习环境?

首先,学习环境要安静,远离一切干扰,避免我们分心。其次,桌面和书架应保持干净、整齐,方便我们使用学习工具。此外,明亮的台灯、舒适的桌椅、适宜的温度可以帮助我们保持心情愉悦,提高学习效率。

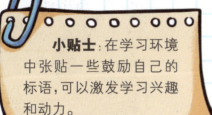

小贴士:在学习环境中张贴一些鼓励自己的标语,可以激发学习兴趣和动力。

为什么要把学习任务进行拆解?

将学习任务拆解,可减少因任务庞大而产生的焦虑,提高学习动力。任务拆解后,每完成一小步都能给我们带来成就感,增强自信心,形成积极的反馈循环。这有助于培养我们的自律性,避免拖延,确保学习的效率和效果。

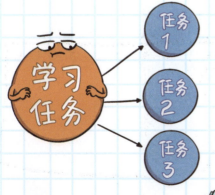

学习任务

任务1

任务2

任务3

小贴士:将学习任务进行拆解,有助于我们更好地管理时间,养成良好的学习习惯。

学习兴趣可以帮助我们对抗拖延吗？

学习兴趣是对付拖延的有效工具。我们更倾向于主动投入时间与精力去完成能引发我们兴趣的学习任务，不会拖延。在学习过程中，我们对感兴趣的任务更容易产生愉悦感与满足感，这种积极的情绪有助于强化学习动力，防止拖延现象的发生。

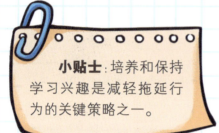

小贴士:培养和保持学习兴趣是减轻拖延行为的关键策略之一。

总是假期的最后几天才开始赶作业怎么办？

小孩子缺乏时间管理意识和自我控制能力，放假初期作业压力小，就容易产生放松的心态。当假期即将结束，紧迫感增强，才开始匆忙赶作业。要解决这个问题，我们就需要培养时间管理能力，为作业制定详细的计划，并按照计划严格执行。

距开学还有 1 天

小贴士:在计划中要合理安排休息时间，这样可以保持充沛的精力，提高计划的可续性。

为什么说学习时隔绝外部诱惑也能减轻学习时的拖延？

因为在学习时喜欢拖延有一部分原因跟注意力分散、诱惑过多有关。隔绝外部诱惑，关闭手机、智能手表等通信设备，关闭电视、音箱等娱乐设备，可以减少干扰，帮助我们专注于学习，提高效率，减少拖延的行为发生。

小贴士：有时与他人一起学习，相互监督和鼓励，也可以帮助你拒绝外部诱惑，避免拖延。

为什么做作业总是磨蹭、想拖延？

做作业磨蹭、想拖延，往往是因为学习动力不足。为激发学习动力，可以给自己设定明确、可实现的学习目标，并提供相应的奖励机制。同时，可以将学习与兴趣爱好相结合，多参与活动，提升自信心和成就感。

小贴士：通过激发学习动力来提高学习效率，能有效改善做作业磨蹭的现象。

一个明确的学习目标胜过
千句空洞的口号。

学习时间表，让每一
分钟都充满价值。

保持专注，对抗
学习时的拖延。

计划是蓝图，不是雕刻。

公开承诺，责任倍增；
分享目标，动力无限。

避免作业堆积，
学习更有效率。

制定学习计划要切实可行。

让干扰远去，让思绪飞扬。

化整为零，逐一攻克。

兴趣是最好的老师，也是
战胜拖延的最强动力。

为什么我每天想运动却迟迟不行动?

尽管我们非常清楚定期运动对身体的益处,但由于缺乏动力、对安排运动时间感到焦虑或是对自身体能不够自信等原因,导致我们选择延迟运动或完全放弃运动。

小贴士:优先处理自己认为更紧急的任务,也是导致我们拖延运动的原因之一。

和伙伴们一起运动有什么好处?

不管是缺乏足够的外在动机,还是缺乏足够的社交支持,都有可能导致我们推迟运动。而和小伙伴们一起运动,伙伴间可以相互监督、鼓励和支持,既可以帮助我们保持良好的运动习惯,又可以提升运动的乐趣和动力,从而增强我们运动的积极性。

小贴士:与伙伴们一起运动,还可以增进彼此的了解,增强彼此的信任,加强团队合作力。

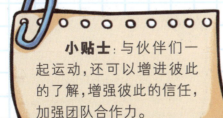  

身体状态和运动时喜欢拖延有什么关系？

身体状态和运动时的拖延行为是息息相关的，当我们的身体长期处于疲惫或不适状态时，我们很难有心情和动力再去运动，从而导致延迟运动，甚至可能引发拖延症。这时，我们不必强迫自己，好好休息，养好身体才是关键。

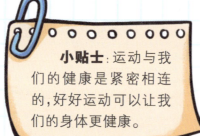

小贴士：运动与我们的健康是紧密相连的，好好运动可以让我们的身体更健康。

为何先从自己喜欢的运动开始锻炼？

因为缺乏足够的内在动机是导致我们推迟运动的常见原因之一。选择喜欢的运动作为锻炼起点，能够提升我们锻炼的积极性和主动性，提供足够的内在动机，从而避免心理上的抗拒与行为上的拖延。

积极性　主动性

小贴士：当我们对某种运动产生兴趣时，可能也会对其相关的运动产生兴趣。这样，我们就可以逐渐尝试更多的运动了。

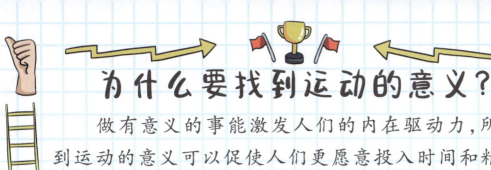

为什么要找到运动的意义？

做有意义的事能激发人们的内在驱动力，所以找到运动的意义可以促使人们更愿意投入时间和精力去参与运动，从而减轻拖延的心理。例如，我们会更有动力和毅力去参加一些带有公益性质的运动或比赛。

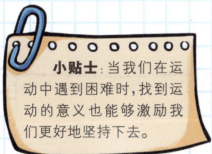

小贴士：当我们在运动中遇到困难时，找到运动的意义也能够激励我们更好地坚持下去。

运动量为什么要循序渐进？

认知偏差，即低估了任务难度，高估了我们自己的水平，可能致使任务无法完成，这也是导致运动时拖延的原因之一。因此，我们在计划运动量时应该循序渐进，由弱到强，既能让身体更好地适应，也不会造成过大的心理压力。

小贴士：循序渐进地增加运动量可以让身体逐渐适应运动的压力，减少受伤的风险。

为什么要经常和过去的自己相比较？

推迟运动也有可能是因为缺乏对自己的即时奖励或反馈造成的。经常与过去的自己进行比较,可以看到自己在运动方面取得的明显进步,这样既可以增强我们对运动的自信心和动力,又有助于克服运动时的拖延。

现在 过去

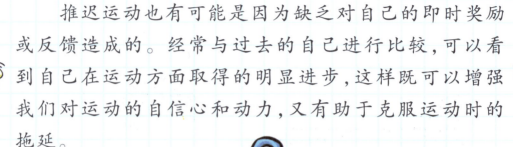

小贴士:与过去的自己进行比较,可以更好地了解自己的成长和进步,发现自己的不足和需要改进的地方。

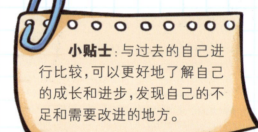

为什么要制定运动计划？

因为时间管理不当也可能会导致运动计划被推迟,所以我们需要在运动之前制定好计划,设定好每周运动的频率及时长,并将其纳入日程安排,既方便执行,又可以有效地避免拖延,帮助我们养成运动的好习惯。

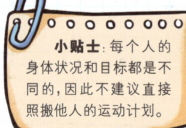

小贴士:每个人的身体状况和目标都是不同的,因此不建议直接照搬他人的运动计划。

为什么要给自己制定备用的运动计划?

　　制定备用计划至关重要,因为天气和环境等不可控因素常常成为影响我们运动积极性的主要原因。所以在原本的计划之余,准备一个备用计划,可以让我们在面临这些突发状况时迅速调整,避免因为一次中断而破坏运动的规律性。

小贴士:备用运动计划可以提供不同的运动方式,增加运动的多样性和趣味性,让我们保持对运动的兴趣和热情。

为什么要在固定的时间运动?

　　缺乏运动习惯可能会导致我们在开始运动时感到困难,从而感到沮丧或缺乏自信,甚至引发拖延症。所以我们要将运动融入生活,在每天固定的时间段运动,这样才有助于我们养成运动的习惯,使我们能够更加积极地去锻炼。

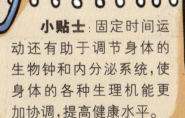

小贴士:固定时间运动还有助于调节身体的生物钟和内分泌系统,使身体的各种生理机能更加协调,提高健康水平。

为何要抓住想运动的念头?

想运动时,正是我们内在动机最充足的时候,及时抓住这个念头并行动,意味着可以充分地利用这股积极的能量,帮助我们避免拖延的产生,所以我们要及时抓住想运动的念头。

小贴士:随着时间的推移,运动冲动可能会消退或变得模糊,因此及时抓住它并付诸实践是很重要的。

为什么要给自己制造一个便利的运动环境?

运动环境会影响我们的运动意愿,如果我们在家有一块适合运动的场地,那么就可以在很大程度上避免拖延。需要注意的是,有时面对过多的运动选择也会导致拖延,所以我们只需在家中配置一些简单的运动器材即可。

小贴士:我们还可以在运动空间里添一些激励性的标语或海报,让我们运动起来更有动力。

赞美和鼓励对我们运动有帮助吗?

自我效能感较低,对自己的运动能力始终持怀疑态度也是导致拖延的原因之一。适时的鼓励和赞美能够提升我们的自信心和行动力,帮助我们战胜拖延,积极运动。所以不妨将自己的运动成果告知家人或朋友,来获得他们的赞美和鼓励吧。

小贴士:在运动后受到赞美,不仅能让我们增强满足感,还能让我们对下一次运动充满信心。

文化背景不同会影响我们对运动的态度吗?

不同的文化背景可能会影响人们对运动的态度和行为,有些人对运动的重视程度较低,认为运动并不是一件很重要的事情。同时,人们也会因为文化背景的不同,有着不同的运动偏好。

小贴士:文化因素还会影响地区运动设施的建设,从而影响人们的运动条件和意愿。

每周三晚上，跳绳30分钟。

运动有规律，生活有节奏。

和伙伴一起运动，
健康与友谊双丰收。

先易后难，循序渐进。

让热爱点燃运动激情。

适度的挑战激发斗志，
过高的难度导致拖延。

打造便捷的运动场所，
让运动水到渠成。

还好我有备用计划。

双重保障，双重健康。

你的一点鼓励，
我的不竭动力。

在汗水中寻找快乐，
让运动成为享受。

抓住运动的念头，
将想法变成行动。

24

在社交时喜欢拖延会有影响吗?

在社交时,如果我们表现出习惯性的拖延,比如,延迟回复他人信息或电话,推迟参与社交活动,这可能会让他人觉得不被尊重或遭到忽视,进而对我们的声誉和人际关系产生负面影响。

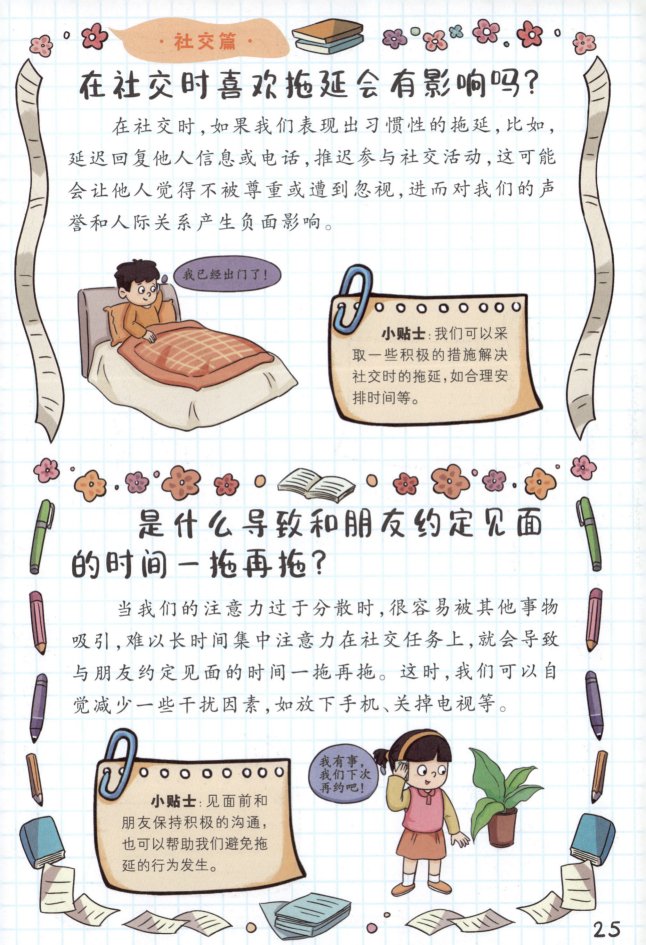

我已经出门了!

小贴士:我们可以采取一些积极的措施解决社交时的拖延,如合理安排时间等。

是什么导致和朋友约定见面的时间一拖再拖?

当我们的注意力过于分散时,很容易被其他事物吸引,难以长时间集中注意力在社交任务上,就会导致与朋友约定见面的时间一拖再拖。这时,我们可以自觉减少一些干扰因素,如放下手机、关掉电视等。

小贴士:见面前和朋友保持积极的沟通,也可以帮助我们避免拖延的行为发生。

我有事,我们下次再约吧!

25

害怕被拒绝也会导致我们不愿意社交吗？

　　害怕自己的邀请或请求被拒绝，是造成我们不愿意社交甚至恐惧社交的原因之一。当面临恐惧和焦虑的时候，我们往往会选择避免或推迟社交活动来缓解自己的恐惧心理。这时，我们不妨大胆一点，勇敢提出自己的请求，被拒绝也并不丢人。

小贴士：如果要拒绝别人，我们应该明确告诉对方，而不是将拖延作为拒绝的手段。

约会的时候总是习惯性迟到怎么办？

　　缺乏守时的习惯是造成我们约会总是迟到的主要原因，我们可以在确定好约会时间后，第一时间设置闹钟。这样，即使忘了时间，也会有闹钟来提醒你。此外，我们还要提前规划出行路线，预留出足够的时间，以确保能够准时赴约。

你迟到了！

小贴士：养成提前20分钟出门的习惯，给突发状况预留时间，可以减少迟到的情况发生。

社交目标与社交积极性有什么关系？

　　有时没有明确的社交目标，不知道该如何规划和推进社交活动也会影响社交的积极性。这时，我们可以先设定一个明确的社交目标，如举办一个生日聚会，认识一个新朋友，然后再针对目标做有效的计划。

小贴士：如果实在不知道怎样确定目标及计划，我们也可以请求爸爸妈妈的帮助。

为什么新环境容易引发社交恐惧？

　　环境对社交的影响是至关重要的，对新环境、新人群、新话题的恐惧、担心、不适、焦虑、紧张往往是导致我们社交恐惧的主要原因。这时，我们需要转变自己的想法，把新环境当作一个机遇，积极参与其中，只有主动参与，才能融入其中。

小贴士：新环境、新情况的出现让我们的社交变得复杂，但同时这也是提高我们社交能力的好机会。

社交时总感觉很局促怎么办?

自尊心低下,担心在社交中被人看不起或者缺乏必要的社交技能都有可能让我们在社交中感觉很局促,从而导致我们不愿意社交。因此,在与他人互动前,可以做一些准备工作来减轻紧张情绪。例如,在参加社交活动时,提前了解对方的喜好。

小贴士:我们也可以试着设想,其实其他人也和我们一样紧张。这样一来,有助于我们缓解焦虑。

在社交时为何要肯定自己的价值?

对自己的价值、社交能力持怀疑态度,也可能会导致我们不愿意社交。当我们对自己的价值持肯定态度时,自信也会随之增长,相应的,我们在社交场合中的焦虑与紧张也会逐渐减弱,从而缓解拖延的行为。

小贴士:自信者往往更容易受到他人的关注和尊重,这也有助于我们与他人建立和谐良好的社交关系。

小组讨论后的发言环节,为什么我总是迟迟不愿意发言?

担心出错、害怕失败、追求完美等都是我们迟迟不愿发言的原因,这时我们要正确认识积极发言的意义。积极发言可以提升我们的沟通能力和领导能力,当我们积极面对挑战时,我们的自信也在逐步增强。

小贴士:积极发言可以引领讨论、制造话题,我们要鼓励自己积极参与。

在社交时如何克服拖延?

感到尴尬、害怕自己被嘲笑等原因都会让我们不愿意社交。我们可以多多参加社交活动,逐步适应并减轻社交场合所带来的不适感,以减少对社交活动的回避和拖延。

小贴士:多参加社交活动意味着我们要主动突破舒适区。刚开始可能会感到不适,但只要迈出第一步,之后就会越来越容易。

喜欢和别人比较会影响社交吗?

在社交时,过度关注他人的表现,觉得自己始终无法做到像他人那样,长此以往,就产生了焦虑、沮丧等负面情绪以及延迟、回避社交等行为。其实我们完全没必要过度关注他人,我们应该关注自己,与自己比较,只要自己这次比上次做得好就行。

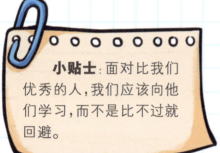

小贴士:面对比我们优秀的人,我们应该向他们学习,而不是比不过就回避。

明明看到了朋友的消息,为什么就是不想回复?

明明看到了朋友的消息却不想回复,有可能是因为社交时间过长,疲惫导致的。如果我们长时间处于社交环境中,就会感到不适和疲惫,所以不想立马回复朋友,这是正常现象。我们可以先和朋友简要说明情况,再于适当时间进行具体回复。

小贴士:担心回复的语言失当或是害怕承担后续对话的责任也会引发我们在社交方面的拖延症。

过度依赖社交软件对我们社交有影响吗?

过度依赖社交软件来与人建立社交关系,感觉浏览过网站就是与人有了沟通,这种心理也是造成人们在社交方面拖延的原因之一。我们应当与亲人、朋友建立更真实的社交联系,而不是只在网络上进行社交。

小贴士:过度依赖社交软件容易导致我们的注意力分散,从而加剧拖延行为。

低质量社交对我们有什么影响?

低质量社交可能涉及与我们不喜欢或与让我们感到不舒服的人交往,这会让我们感到有压力,使我们对社交活动缺乏足够的兴趣和动力,从而产生逃避倾向,导致我们不愿意与人社交。低质量社交还会降低我们对自己社交能力的信心,产生自我怀疑,降低主动参与社交活动的积极性。

小贴士:低质量社交还可能涉及一些负面行为,如争吵、批评或指责等。这些行为也会让我们不愿意继续参与社交活动。

让社交成为连接外部
世界的通道。

珍惜与朋友的每一次约定，
让相见成为彼此的期待。

学会拒绝，是对自己和
别人的尊重。

新环境，既是社交挑战，
也是社交机遇。

我们都一样，都曾小心翼翼地
伸出触角探索世界。

相信自己会发光，别人
才会看到你的光芒。

回消息也是一种礼貌。

对陌生的环境和人不再
感到害怕。

尴尬是暂时的，而成长是永恒的。

当社交乏味无聊，拖延
可能是一种无声的抗议。

做决策时总犹豫怎么办？

　　做决策时犹豫可能是由于害怕做出错误的决策或对未来结果不确定性的担忧。我们可以通过在做决策前充分分析决策的利弊，并做好相关的准备工作来减小出错的可能，要知道任何决策都是有风险的，我们没必要为此止步不前。

小贴士：设置一个做决策的截止日期，可以避免因犹豫造成的无限期拖延。

害怕负责也会导致延迟做决策吗？

　　越是重大的决策，所要承担的责任也就越大，所面临的压力也就越大，所以这时人们会倾向于推迟做决策，以避免或减轻潜在的不利后果。然而，这种拖延决策的行为，往往会带来更糟糕的后果。它不仅会降低工作效率，还可能削弱团队的信心。

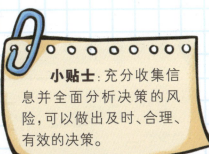

小贴士：充分收集信息并全面分析决策的风险，可以做出及时、合理、有效的决策。

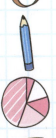

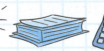

害怕失败也是导致拖延做决策的原因之一吗？

　　害怕失败会使我们在做决策时陷入犹豫不决的困境，甚至为了避免承担失败带来的后果，而选择拖延做决策，以保持当前的稳定状态。这时，我们可以建立合理的风险评估机制，对决策的后果进行客观分析，以减轻对失败的过度担忧。

小贴士：失败是成功之母，它并不可怕，也不丢人。

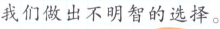

拖延就能逃避做决策吗？

　　尽管短期内拖延能让我们感到暂时的放松和解脱，但长期来看，它只会增加问题的复杂性和决策的难度。随着决策时刻的临近，焦虑和压力逐渐累积，不仅影响我们的心态，还会降低我们的效率，最终可能导致我们做出不明智的选择。

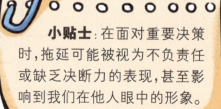

小贴士：在面对重要决策时，拖延可能被视为不负责任或缺乏决断力的表现，甚至影响到我们在他人眼中的形象。

为什么做决策时不能过度依赖他人？

如果我们过度依赖他人的建议和意见，不愿意独立思考，那么当我们需要独自做决策时，就会无从下手，进而引发拖延症。在做决策时，我们要听取别人的意见，但更应该先有自己的思考和分析，然后再从别人的意见中吸取有用的信息，做出决策。

小贴士：我们可以先从一些小事做起，慢慢培养自己独立决策的能力。

为什么做决策也要提前制定计划？

如果在一天中做了很多次决策，会让我们感到疲劳，影响我们的决策能力，并可能引起拖延。所以当面临多个任务或项目需要连续做出决策时，就需要我们提前制定计划，确定任务的优先级，避免发生拖延的情况。

小贴士：制定计划能帮助我们清晰地了解自己要做什么，当面临任务或做决策时，我们就有了明确的指南。

给小伙伴买礼物，我不知道该选哪一个好，怎么办？

担心自己选的礼物不是小伙伴喜欢的，所以我们总在选礼物的时候犹豫不决。可这样往往会浪费更多的时间，最终也没有买到合适的礼物，所以我们不妨在买礼物时，只提供有限的选项，以此来减少决策的压力，缩短决策时间。

小贴士：买礼物时，不妨问问朋友，看看朋友需要什么。这样，我们的礼物才能送到朋友的心坎里。

做决策时，必须完全想清楚再行动吗？

掌控欲过强，希望能够掌控所有细节，无法容忍任何不确定性也容易导致决策迟滞。在有些情况下，过度分析可能会错失良机，快速决策并行动才更加有利。而什么时候需要三思，什么时候需要快速出手，要根据事情的重要性、紧迫性和风险性来权衡。

小贴士：我们需要多思考、多总结，在思考和行动之间找到平衡点。

为什么做决策前不要预想不好的结果？

在做决策前预想不好的结果，会让我们陷入焦虑和恐惧之中，从而拖延做决策或者恐惧做决策。在这种消极的思维模式下，我们也很难再产生新的想法或寻找到问题的解决方案。

小贴士：预想不好的结果还会让我们对自己的决策不自信，从而让事情向着糟糕的方向发展。

缺乏条理也会导致延迟决策吗？

当我们接收到的信息量过大，就会难以完成对信息的筛选和整合，影响我们做出决定，导致延迟决策。而经过逻辑清晰、条理分明的思考，我们能够更加透彻地理解问题的本质，全面考虑各种选项，做出正确的决策。

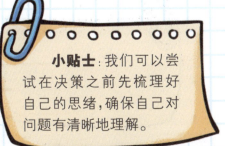

小贴士：我们可以尝试在决策之前先梳理好自己的思绪，确保自己对问题有清晰地理解。

为什么说"鱼和熊掌不可兼得"？

　　有时候，我们可能会面临多个相互冲突或难以兼得的选择，于是就会犹豫不决，延迟决策。在这种情况下，我们需要根据自己的价值观和各选项的重要性来评估每个选择的利弊，然后再做出明智的决策。

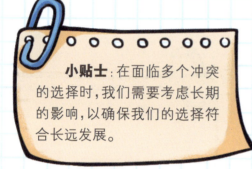

小贴士：在面临多个冲突的选择时，我们需要考虑长期的影响，以确保我们的选择符合长远发展。

过度思考是怎样影响决策的？

　　过度思考指的是对问题的利弊进行无休止的权衡和分析。这样一来，我们往往迟迟无法做出决策，反而增加了自己的焦虑和压力，让自己陷入反复的自我怀疑中。对我们来说，适度思考是非常有必要的，但做出决策之后不妨相信自己，并积极地将决策付诸行动。

小贴士：在做决策时保持冷静和理智，才能不影响判断。

为什么做出决策后应立即行动？

　　缺乏动机和执行力是造成拖延最常见的因素，当我们做出决策的时候，通常是我们动机最强、最具热情和执行力的时候，这种状态有助于我们克服困难和挑战，推动计划顺利实施，所以有时我们决定了一件事最好立马就去做。

减肥计划

小贴士：并不是所有的决策都需要立即行动，对于一些复杂的任务，进一步的计划、准备和风险评估是非常必要的。

为什么有时要把事情书面化？

　　任务的复杂程度与我们做决策的速度息息相关，当我们面临过于庞大或复杂的任务时，往往会无从下手，进而导致延迟决策。这时，我们可以把复杂的事写出来，通过书写，系统地整理我们的思维，使思维逐渐清晰，帮助我们高效决策，避免拖延。

小贴士：把需要处理的事情书面化，能有效减少拖延时间。

在犹豫中浪费时间，不如在行动中迎接挑战。

计划让决策有方向。

害怕失败的人，往往也容易错过成功。

决策时，听取意见固然重要，独立思考也必不可少。

别让不好的预想束缚你的翅膀。

先起床再说。

今天去哪里玩？

有时候我们需要先迈出第一步，再思考方向。

决定就像一颗种子，用行动浇灌才能开出理想之花。

舍弃并不意味着失败，而是为更大的收获腾出空间。

在混乱中寻找决策，如同在迷雾中寻找方向。

谁想参加今年的联欢会表演？

在机遇面前，切忌按兵不动。

为什么我总是不愿意收拾房间？

如果房间内的物品摆放无序、杂乱无章，我们往往会将整理房间视为一项烦琐且艰巨的任务，需要耗费大量的时间和精力。另外，整理房间并不能立即带来满足感，这就使得我们缺乏动力，从而将收拾房间的任务一拖再拖。

小贴士：为了减轻日后的整理负担，我们需要在平时养成良好的收纳习惯，如定期整理房间、用完物品后及时归位等。

洗漱时总是拖拖拉拉怎么办？

首先，为自己设定一个固定的洗漱时间，坚持每天按时执行，并确保在这期间不被其他因素干扰，减少拖延的可能性。另外，按照固定的顺序进行洗漱，如先刷牙，再洗脸。这样，可以避免在决策上浪费时间，提高洗漱效率。

洗漱时间规划
1. 刷牙
2. 洗脸
3. 洗头发

小贴士：适当控制洗漱时间，如要求自己在10分钟内完成洗漱。这样，可以帮助你避免无意义的拖延。

袜子堆积如山却还是不想洗怎么办?

袜子堆积如山却还是不想洗,可能是觉得这件事不够重要而缺乏动力。为了克服洗袜子拖延的问题,我们可以将洗袜子融入日常习惯中,同时,可以在洗袜子时做些让自己开心的事情,如听音乐或观看喜欢的节目。此外,我们还应在心里强化不洗袜子带来的不良后果,如产生异味、滋生细菌等,从而激发我们立即行动的决心。

小贴士:不妨选择在家长洗衣服时,加入其中,大家一起劳动,洗袜子就不会显得那么枯燥了。

吃完零食后一直拖着不想洗手怎么办?

吃完零食后,我们可能会觉得没有必要洗手或者被其他事物吸引了注意力,而一直拖着不洗手。想要改正这一习惯,首先,要了解洗手的重要性,明白其减少病菌传播的作用;其次,每次在吃东西前后都应主动洗手,养成良好的卫生习惯。

小贴士:如果自制力不强,我们还可以请求家人帮忙提醒与督促。

为什么建议先从小区域开始整理?

整理整个房间或客厅这类比较大的区域,往往会给人带来较大的心理压力,导致想要拖延甚至放弃。但如果我们将该项任务分解成若干小块,先从小区域开始整理,让我们迅速看到劳动成果,就会激发我们继续整理其他区域的动力。

小贴士:先整理小区域,再逐步扩展,这样可以让我们更有条理、更高效地完成整理工作。

怎样制定一个合理的卫生清洁计划?

首先,将需要打扫的区域和任务列出来,然后将它们按照优先级排序,并确定每个部分的打扫频率。接着,根据任务的排序和频率,制定一个合理的时间表,将任务分配到每天、每周或每月的特定时间段,确保你有足够的时间来完成这些任务。

小贴士:制定合理的计划,可以让我们的打扫任务变得可执行、可管理,有助于缓解打扫压力,避免拖延。

卧室

厨房

洗手间

错误的收纳习惯也会导致卫生工作的拖延吗?

错误的收纳习惯会加剧我们的整理负担,从而诱发对卫生工作的拖延心理。例如,将常用物品随意放置在桌子上,虽然短期内方便拿取,但长此以往会导致桌面杂乱无章,进而降低我们打扫卫生的意愿和积极性。

小贴士:将不同类型的物品混在一起收纳,也是一种常见的错误收纳习惯。

如何克服不想搞卫生的拖延心理?

可以将关注点从搞卫生的过程转向搞完卫生带来的好处,比如,当你整理房间时,试着将关注点从整理的烦琐转向整洁环境所带来的舒适与愉悦。另外,可以在打扫卫生时播放自己喜欢的音乐,将注意力转移到听觉享受上,这样能有效克服拖延心理。

小贴士:将关注点从整体的目标转移到一系列小目标上,也有助于缓解畏难情绪,降低拖延的可能性。

为什么吃完饭最好立即洗碗？

饭后没有立即洗碗，可能会忘记或者因为其他事情而耽搁，导致碗盘堆积，加重清洁任务，进而加剧拖延心理。相反，如果我们饭后立即洗碗，不仅能避免碗盘堆积，还降低了清洁难度，节省了清洁时间。

小贴士：吃完饭立即洗碗还能有效防止细菌滋生，保证餐具的清洁卫生。

怎样调动做家务的积极性？

在做家务时，我们往往会因为缺乏积极性和动力，导致拖延。如果在每完成一次打扫任务后，给予自己一些奖励，能够帮助我们调动做家务的积极性。另外，和家人一起分担家务，也能使得做家务变得轻松有趣，提高我们参与打扫的积极性。

小贴士：一个舒适的清洁环境也能调动我们做家务的积极性，如使用喜欢的洗涤剂、播放喜欢的音乐。

房间整洁，生活有序；
拖延整理，混乱滋生。

晨起洗漱不拖延，
清爽伴随一整天。

脏袜子，细菌的天堂；
及时清洗，健康有保障。

享受零食之前，别忘了
清洁双手。

计划周密，打扫有序；
合理安排，家更洁净。

从小处着手，整理更顺畅。

换个角度，改变拖延心理。

收纳规范，拿取方便。

饭后洗碗，清洁从速。

加点音乐，家务不无聊。

吃饭时总是拖拖拉拉怎么办？

首先，吃饭时需要一个专心用餐的环境，避免在用餐时分散注意力。其次，应制定固定的用餐时间并遵守，保持饮食的规律性，有助于我们养成良好的饮食习惯。另外，主动了解食物的营养价值，也可以增强我们对食物的兴趣，避免拖延。

小贴士：为每次用餐设定一个明确的时间范围，有助于我们更好地掌握时间，避免用餐拖延。

做作业前总要花很长时间整理书桌怎么办？

做作业前花很长时间整理书桌可能是一种潜意识的逃避行为。要克服这个问题，我们需要限制整理书桌的时间，或者选择一个整洁有序的学习环境，减少整理时间，高效地完成作业。

小贴士：养成良好的收纳习惯，可以避免在学习前花太多时间整理书桌。

总是磨磨蹭蹭不愿起床怎么办?

总是磨蹭不想起来,导致来不及吃早餐,这可能是由于缺乏时间观念。为解决这一问题,我们可以制定一个起床计划,详细列出起床后的安排及所需时间,并设置闹钟提醒,确保自己可以按照规定的时间来完成每一件事。

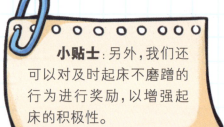

小贴士:另外,我们还可以对及时起床不磨蹭的行为进行奖励,以增强起床的积极性。

为什么父母越催我们越慢?

当被催促时,我们会觉得自主性被剥夺,从而产生一种抵触情绪,做事情反而更慢。此外,当父母催促时,我们可能会感受到压力,这种压力会影响我们的思考和决策能力,使得我们的行动更迟缓。

小贴士:我们应该尽量避免拖延时间的行为,按照约定的时间高效地完成每一件事。

为什么没有把握的事也可以先尝试?

在面对某项没有把握的任务时,我们往往会因为过分担心结果而迟迟不敢迈出第一步,导致拖延。我们应该将关注点从结果转向过程,勇敢尝试,即使失败,这些经历也能帮助我们发现自己的潜力,提升技能并积累经验。

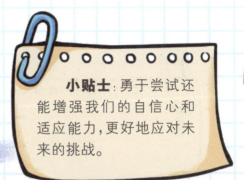

小贴士:勇于尝试还能增强我们的自信心和适应能力,更好地应对未来的挑战。

丢三落四也会造成拖延吗?

经常将物品随意摆放、做事缺乏条理,可能会养成丢三落四的习惯。这种丢三落四的习惯在细节上反映出个人对事情缺乏责任感和紧迫感,从而拖延任务。比如,去图书馆学习忘带文具,可能就会因此推迟学习计划。

小贴士:定期清理和整理个人物品有助于我们更好地管理个人事务,避免丢三落四。

在选择衣服上总是花费大量时间怎么办？

在选择衣服上花费大量时间，可能是由于选择过多或是过于追求完美。要解决这个问题，我们可以简化穿衣原则，根据天气和当天学校的活动，选择合适的服装。另外，在睡前就准备好第二天要穿的衣服，可以避免第二天早晨的紧张和忙乱。

小贴士：及时整理衣柜，留下喜欢且合适的衣物，避免因选择过多而犹豫不决。

洗澡时，边洗边玩导致洗澡时间过长，睡觉时间也被迫推迟怎么办？

洗澡时边洗边玩导致洗澡时间过长，是典型的缺乏时间管理的表现。要解决这一问题，首先我们需要设定一个合理的洗澡时间，借用闹钟或家人的提醒来确保自己遵守。在这段时间内，要专注洗澡，并形成一套固定的洗澡流程，拒绝拖延时间。

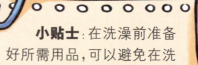

小贴士：在洗澡前准备好所需用品，可以避免在洗澡过程中再花时间寻找。

频繁修改计划会产生拖延心理吗?

频繁修改计划,可能会让我们对自己的目标失去清晰地认知,难以维持持续行动的动力,从而产生拖延心理。另外,频繁修改计划还会让我们质疑自己制定计划的能力,进一步削弱我们行动的信心,拖延完成任务的时间。

小贴士:频繁修改计划会耗费额外的时间和精力,产生拖延心理。

为什么说对任务的态度也会影响任务完成的时间?

对某一任务的喜好或厌恶,影响着我们对该任务的态度。当我们对某个任务感兴趣时,我们会更有动力去完成它,这种积极的心态会帮助我们加速完成任务。相反,当我们厌烦某一任务时,动力会大幅减少,甚至产生逃避心理,产生拖延的行为。

小贴士:个人能力也是影响任务完成进度的因素之一,人们很少会在自己擅长的领域出现拖延的行为。

吃饭总拖拉，美味不等人。

琐碎要求不要怕，
条理清晰巧应对。

主动自律，摆脱他人催促。

书桌整洁，高效学习。

分类标注，让疏漏无处遁形。

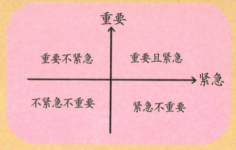

确定任务的优先级，
合理安排时间。

成功的底气源于持续
不懈的行动。

反复修改，影响判断能力。

过度思考是行动的
绊脚石。

动力满满，拒绝拖延。

总是推迟睡觉时间会影响健康吗？

　　故意或不自觉地推迟自己的入睡时间，会导致睡眠不足或睡眠质量下降。该行为不仅是一种不良习惯，更是缺乏自控能力的表现。长期拖延入睡时间，可能会引发健康问题，对个人的学习、生活等方面造成不利影响。

小贴士：建立规律的作息时间，创造一个良好的睡眠环境可以让我们快速进入睡眠模式。

睡前抗拒洗漱会影响入睡时间吗？

　　在睡觉之前，多数人都会遵循一套固定的流程，包括沐浴、刷牙、洁面和泡脚等步骤。然而，对某些人而言，这些睡前准备工作是烦琐、复杂的，给他们带来了心理压力，进而产生抵触情绪，这种情绪可能会导致他们不自觉地拖延睡觉时间。

小贴士：我们可以播放一些喜欢的音乐，将睡前洗漱变得轻松有趣，以减轻抵触情绪。

睡前浏览网络媒体会影响我们入睡吗？

　　网络媒体很容易吸引我们的注意力，引发我们持续浏览的欲望，使得我们在不知不觉中推迟入睡时间。另外，网络媒体还会利用个性化推荐等策略，持续推送更多符合我们喜好的内容，进一步加剧我们的睡前拖延行为。

小贴士：为了提高睡眠质量，我们要有意识地避免在睡前使用电子设备。

负面情绪也会影响睡眠吗？

　　当我们处于紧张或焦虑等状态时，大脑会变得过于敏感，持续保持警觉，使我们难以放松，不能顺利入睡。此外，过度思考或不断纠结于这些负面情绪，也可能使我们的思绪变得混乱，加剧入睡困难。

明天要演讲，好紧张啊！

小贴士：可以与亲朋好友分享自己的困扰，获得情感支持和安慰，以轻松愉悦的心情入睡。

家庭氛围也会影响睡眠吗?

家庭成员的良好示范,如作息规律、睡前不看手机,可以为我们树立榜样,帮助我们养成良好的睡眠习惯。同时,在和谐的家庭氛围中,能有效减轻我们的心理焦虑,更容易入睡。相反,如果家庭氛围紧张,且家庭成员的作息不规律,则会导致我们入睡困难。

小贴士:若家人给孩子施加过大的压力,可能会让孩子感到焦虑,从而影响孩子的睡眠。

为什么需要营造一个舒适的睡眠环境?

噪声过大、光线过强、过于潮湿或闷热等原因都会影响我们入睡,导致我们拖延睡觉的时间。因此,为了快速入睡,营造一个舒适的睡眠环境至关重要。这需要我们保持卧室的温度和湿度适宜,睡前关灯,在安静的环境下入睡。

小贴士:柔软的床单、被子和枕头能够提供温暖和舒适的感觉,使你更容易入睡。

为什么有的人会选择主动熬夜？

有些人的自制力相对较弱，很容易被各种娱乐活动所吸引，不自觉地推迟入睡时间，导致无意识地熬夜。还有的人，在面临较大的生活或学习压力时，会感觉白天的个人时间被压缩，因此，选择通过熬夜来弥补个人时间。

小贴士：不规律的睡眠习惯可能会引发主动熬夜的行为。例如，有的人在白天过度休息，选择在晚上进行学习或工作。

为什么睡觉前不能一直看电子产品？

手机和电脑等电子产品的屏幕会释放蓝光，干扰人体褪黑素的分泌，导致入睡困难。同时，在睡前使用电子产品容易使人持续处于兴奋状态，难以以平静的心态进入睡眠。另外，在睡前长时间使用电子产品还会打乱我们人体的生物钟，影响睡眠质量。

小贴士：在睡前我们可以选择阅读纸质书籍或听听柔和的音乐让自己放松，降低入睡困难的可能性。

睡眠不足有哪些危害？

　　首先，睡眠不足对人的身体健康有严重的影响，长期睡眠不足会削弱免疫系统，增加生病的风险。其次，睡眠不足会导致我们在白天过度疲劳、注意力不集中，降低学习效率。此外，睡眠不足还会使人易怒、焦虑，甚至抑郁，影响个人情绪和人际关系。

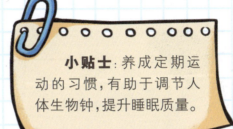

小贴士：养成定期运动的习惯，有助于调节人体生物钟，提升睡眠质量。

睡觉也需要制定计划吗？

　　制定睡眠计划可以帮助人们更好地管理自己的时间和生活节奏，避免因为忙碌或疏忽导致睡眠不足。长期坚持，有助于我们养成规律的作息习惯，帮助身体建立稳定的生物钟，使我们在晚上更容易入睡，早上更容易醒来。

小贴士：制定睡眠计划的首要步骤是明确个人所需的每日睡眠时间。一般来说，青少年和儿童每晚大约需要10小时的睡眠。

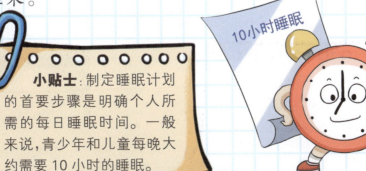

10小时睡眠

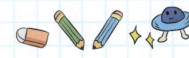

为什么越想睡就越睡不着？

当我们过度聚焦于"我要快点睡着"这一目标时，大脑会不自觉地进入紧张状态。这种紧张不仅不利于入睡，反而可能引起失眠，形成恶性循环。相反，如果不过度关注这个目标，使身体处于一种轻松的状态，反而有助于我们入睡。

小贴士：即使睡不着，放松身心，闭上眼睛休息会儿也有助于我们减轻压力。

早上总是赖床怎么办？

设定固定的睡眠时间表，保证每晚都有足够睡眠时长，坚持每天在相同的时间入睡、起床，逐渐养成规律的作息习惯。同时，为自己设定明确且有吸引力的早起目标，如锻炼、阅读，让这些目标成为你早起的强大动力。

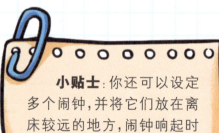

小贴士：你还可以设定多个闹钟，并将它们放在离床较远的地方，闹钟响起时就需要起床去关闭闹钟。

想赖床的时候怎么办?

很多时候想赖床,可能是由于缺乏起床的动力。当我们想赖床时,给自己一些积极的心理暗示,可以激发动力,克服惰性和拖延,让我们更容易从床上起来。比如,在想赖床时对自己说"新的一天,新的开始,今天一定比昨天更美好!"

小贴士:赖床有时可能是因为对即将开始的一天感到焦虑或有压力,通过给自己积极的暗示,可以缓解这种焦虑和压力。

为什么起床越早反而越会拖延时间?

当我们起床的时间早于自己的设定时,可能会让我们产生一种错觉,认为有足够的时间去完成包括穿衣、洗漱和享用早餐在内的各项早起后所要做的事情。在这种心理状态下,我们更有可能会拖延时间。

小贴士:当从睡眠中被唤醒时,大脑和身体需要时间来适应并恢复清醒状态。我们可能会本能地想要拖延时间以便给自己更多的时间来清醒。

拖延睡眠时间，是对身体的透支，更是对明日的敷衍。

睡前洗漱为你吹响睡眠的号角。

别让蓝光带走你的睡眠。

别让负面情绪赶走你的睡意。

深夜不是奋斗的时刻，而是身体修复的黄金时间。

祥和的家庭氛围是优质睡眠的沃土。

舒适的睡眠环境为睡眠保驾护航。

睡眠有规律，梦乡更甜美。

积极的话语，唤醒美好的一天！

放松心情，美梦自来。